À Germain et Léopold, forever and ever.

Caroline Fontaine-Riquier

Merci à Monique Baudet, conseillère pédagogique et éducatrice Montessori, pour ses conseils précieux. À l'heure actuelle, elle crée dans le monde entier avec passion des structures pour les petits : Nidos et Maisons des enfants, pour le respect de l'Enfance et le plus grand bonheur de ceux-ci.

Marie-Hélène Place

Catherine Chalus
et Marie-Hélène Place

« Si l'enfant trouve le champ d'action correspondant à ses exigences intérieures, il nous révélera tout ce qu'il lui faut d'autre pour le développement de son existence. »
Maria Montessori
L'enfant dans la famille

L'imagier de Balthazar

Marie-Hélène Place
Dessins de Caroline Fontaine-Riquier

L'imagier de Balthazar

Le voici ! Un merveilleux livre pour accompagner l'enfant de 1 à 6 ans dans sa période sensible du langage.

Durant les deux premières années de sa vie, l'enfant voit, entend, expérimente de très nombreuses choses. Ces milliers d'impressions sont stockées, en attente d'être comprises. **L'imagier de Balthazar** permet à l'enfant de mettre des mots sur ces impressions et de les classer. En ordonnant « *tout ce qui existe* » en des catégories, il peut alors recevoir ou exprimer des informations à propos du monde, qui lui apparaît comme organisé : *« Une place pour chaque chose et chaque chose à sa place. »* Maria Montessori.

L'imagier de Balthazar encourage l'enfant à utiliser de nouveaux mots, en lui donnant l'opportunité de classer, trier et ordonner ses impressions du monde. Il lui permet de se construire et d'élaborer un raisonnement et une pensée logique.

Comment présenter **L'imagier de Balthazar** à l'enfant :

- Choisissez un thème qui lui soit familier, par exemple la cuisine.
- Observez et décrivez ensemble ce qui se passe dans le grand dessin de cette pièce : Balthazar et Pépin font un gâteau…
- Puis tournez la page et découvrez les objets de la cuisine.
- Nommez chaque objet lentement et discutez de sa fonction.
- Nous avons choisi de présenter le nom seul, sans article, le jeune enfant pouvant percevoir un seul mot de l'article et du nom : « unverre » pour « verre ».
- Lorsque vous aurez vu tous les objets de la catégorie, dites : « On trouve tous ces objets dans une cuisine. »
- Revenez ensuite à la scène de la cuisine et montrez à l'enfant l'un des objets de la frise de part et d'autre du dessin : « Regarde cet objet, tu peux me rappeler comment il s'appelle ? Ah oui… casserole. Voyons, où est la casserole dans la cuisine de Balthazar, tu peux me la montrer ? »
- Faites cela avec quelques objets, puis laissez-le continuer à découvrir l'imagier à son rythme, seul ou avec un autre enfant.
- Un autre jour, choisissez un nouveau thème, en suivant ses intérêts du moment, et explorez les objets de cette catégorie de la même manière. Vous pouvez également reprendre l'imàgier et dire : « Est-ce que tu peux chercher dans ton livre un objet que l'on trouve dans une cuisine ? »

- Lorsque l'enfant nomme correctement un objet, par exemple l'économe, dites simplement : « Oui, c'est : économe. ». Évitez de dire : « Oui, c'est bien », ou « Bravo, c'est très bien », car il hésitera alors à émettre un avis de peur de se tromper. L'encouragement ne doit pas venir de vous mais de sa propre satisfaction à avoir trouvé le bon mot, car le plaisir se situe à cet endroit précis.

Belle et bonne aventure avec Balthazar dans le monde merveilleux du langage.

Marie-Hélène Place

Sommaire

Les maisons
Il existe toutes sortes de maisons.

cabane

hutte

yourte

igloo

immeuble

château

grotte

nid

niche

La maison
de Balthazar

À l'intérieur de la maison,
il y a différentes pièces.

La cuisine

Dans la cuisine, on prépare à manger.

verre

assiette

bol

cuillère

fourchette

couteau

tasse

cafetière

bouilloire

tasse à thé

sucrier

théière

torchon

éponge

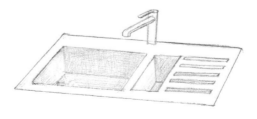

évier

plateau

grille-pain

salière

moulin à poivre

robot ménager

carafe

presse-citron

coquetier

fouet

rouleau à pâtisserie

cuillère en bois

râpe

économe

passoire

saladier

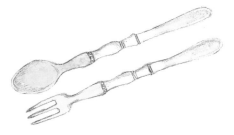

couverts à salade

louche

ouvre-boîte

tire-bouchon

bouteille

casserole

cocotte

poêle

pain

planche à pain

corbeille à pain

balai

balayette

pelle

sablier

panier

poubelle

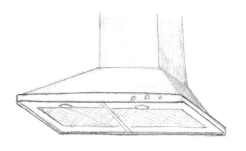

hotte aspirante

cuisinière

plat

moule à gâteau

manique

réfrigérateur

crème fraîche

yaourt

beurre

lait

jus d'orange

jambon

viande

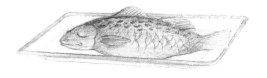

poisson

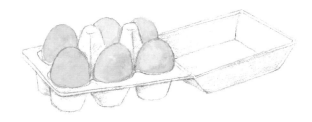

oeufs

fromage

placards

confiture

café

thé

miel

chocolat

biscuits

sucre

huile

vinaigre

farine

pâtes

riz

biscotte

chaise

serviette de table

nappe

Le salon

Le salon est la pièce où l'on se retrouve
pour parler, lire, écouter de la musique
ou regarder la télévision.

canapé

fauteuil

cheminée

vase

table basse

télévision

ordinateur

téléphone

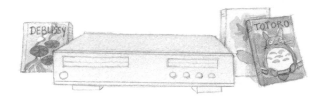

lecteur de DVD

piano

bibliothèque

couverture

coussins

tapis

tableau

photographie

boîte à couture

La chambre

La chambre est le lieu où l'on est tranquille
pour lire, jouer, travailler et dormir.

lit

table de chevet

lampe

livres

bureau

tabouret

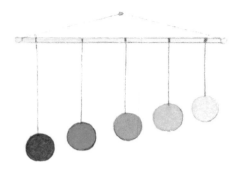

mobile

ours en peluche

marionnette

train en bois

toupie

poupon

ferme

château fort

maison de poupée

cubes

globe terrestre

réveil

crayons de couleur

portemanteau

rouge

peinture

maracas

tambour

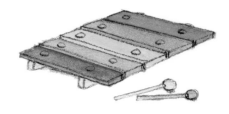

xylophone

dominos

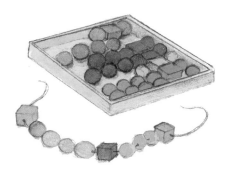

perles

puzzle

armoire

vêtements

le corps de face

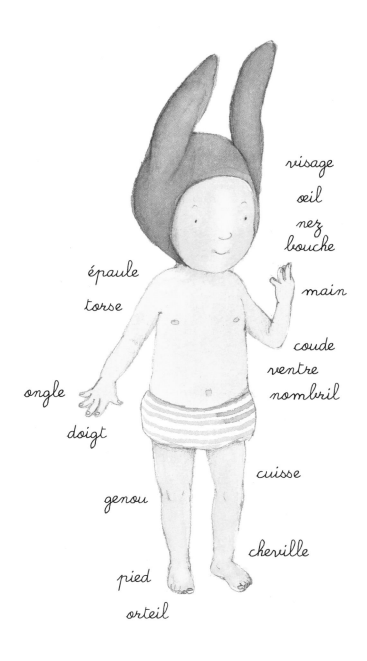

visage
oeil
nez
bouche

épaule
torse

main

coude
ventre
nombril

ongle

doigt

cuisse

genou

cheville

pied

orteil

le corps de dos

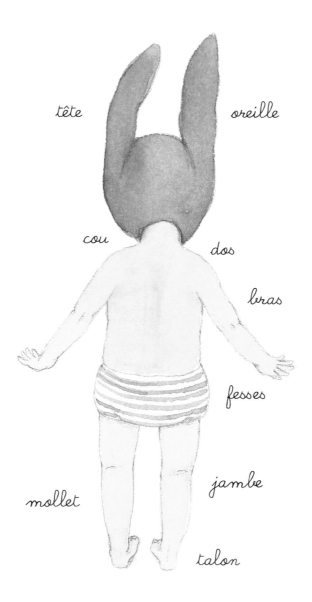

tête

oreille

cou

dos

bras

fesses

jambe

mollet

talon

body

débardeur

culotte

slip

pyjama

robe de chambre

chemise de nuit

chapeau

chaussettes

chaussons

pantalon   tee-shirt

sweat-shirt

bonnet

écharpe

moufles

cagoule

anorak

gants

salopette

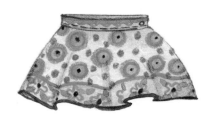

jupe

sous-pull

robe

chemise

gilet

pull

bermuda

tennis

lunettes

maillot de bain

sandales

manteau

collant

chaussures

imperméable   parapluie

bottes

La salle de bains

La salle de bains est la pièce où l'on se lave,
où l'on se coiffe, où Papa se rase et où l'on se
fait parfois une barbe en bulles de savon.

douche

shampoing

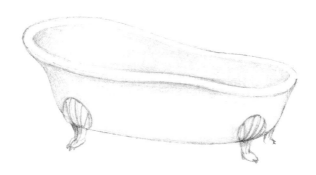

baignoire

lavabo

savon

brosse à cheveux

peigne

miroir

brosse à dents

verre à dents

tube de dentifrice

thermomètre

couche

pot

canard de bain

bateau

panier à linge

ciseaux à ongles

coupe-ongle

brosse à ongles

gant de toilette

serviette de toilette

peignoir

flacon de parfum

toilettes

papier-toilette

rasoirs

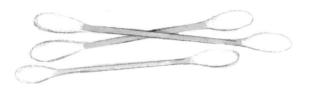

cotons-tiges

pansement

machine à laver le linge

pince à linge

bassine

séchoir à linge

cintre

fer à repasser

L'anniversaire

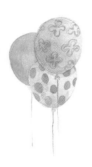

Parfois, dans la maison, on fait
une grande fête d'anniversaire.

ballons

bougie

guirlande

gâteau d'anniversaire

bonbons   sucettes

cadeaux

tartes

citronnade

gobelets

musique

jeu

Le grenier

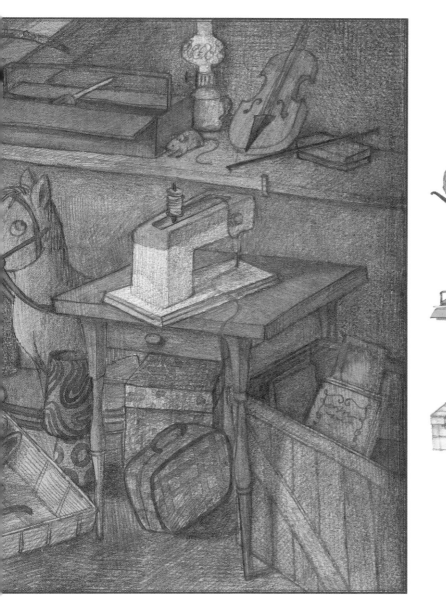

Dans le grenier, tout en haut de la maison,
on range les objets qui ne servent plus,
qu'on aime et qu'on garde pour plus tard.

mannequin

valise

cheval à bascule

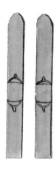 

skis   bâtons

luge

poupée

violon

malle

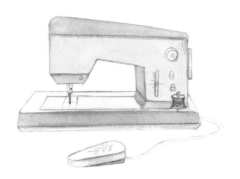

machine à coudre

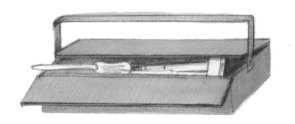

boîte à outils

escabeau

Le jardin
de Balthazar

Dans le jardin, derrière la maison
de Balthazar, il y a des fleurs, des arbres,
des fruits, et un potager avec des légumes.

tulipe

rose

jonquilles

jacinthe

iris

lys

bleuet

muguet

marguerite

coquelicot

bouton d'or

pâquerette

tournesol

liseron

violette

ortie

pissenlit

chardon

pommier

cerisier

abricotier

châtaignier

sapin

saule pleureur

Les fruits

Balthazar cueille les fruits des arbres du jardin.
Ceux qui ne poussent pas dans son jardin,
il les achète au magasin.

poire

pêche

pomme

prune

figue

abricot

melon

raisin

cerises

framboise

mûres

groseilles

cassis

fraise

myrtilles

noisette   noix

châtaigne

noix de coco

mandarine

mangue

pastèque

kiwi

orange

bananes

pamplemousse

citron

ananas

Les légumes

Balthazar ramasse les légumes du potager.
Ceux qui ne poussent pas dans son potager,
il les achète au magasin.

carotte

tomate

concombre

poireau

courgette

poivrons

aubergine

maïs

potiron

artichaut

chou-fleur

choux de Bruxelles

chou

endive

brocoli

laitue

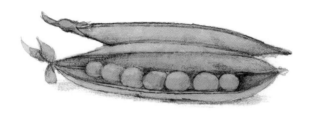

petits pois

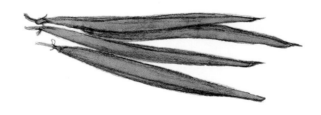

haricots verts

oignon

ail

échalote

betterave

épinard

navet

radis

champignons

pomme de terre

Les animaux de la maison

Dans la maison de Balthazar, habitent aussi son papa et sa maman, son nounours Pépin et quelques animaux. Les voici :

le chat Kipling

le chien Tolstoï

la tortue Herman

le cochon d'Inde Alexandre

le poisson rouge Vingt mille lieues

Les animaux
de la ferme

Balthazar adore se rendre à la ferme.
Voici tous les animaux qui y vivent.

vache

taureau

veau

ânesse

âne

ânon

chèvre

bouc

chevreau

brebis

bélier

agneau

jument

cheval

poulain

truie

porc

porcelet

poule

coq

poussins

cane

canard

canetons

Les animaux dans la nature

Dans la nature, dans les bois, les champs,
les montagnes, les océans, vivent
des animaux en liberté, à l'état sauvage.

lièvre

cerf

faon

renard

sanglier

marcassin

écureuil

hérisson

chauve-souris

blaireau

loup

ours

rouge-gorge

pivert

aigle

hibou

chouette

hirondelle

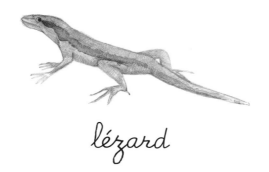

lézard

vipère

salamandre

grenouille

crapaud

escargot

coccinelle

sauterelle

fourmi

abeille

papillon

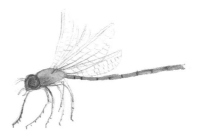

libellule

sardine

crabe

étoile de mer

mouette

hippocampe

méduse

pieuvre

requin

dauphin

cachalot

baleine

girafe   girafon

crocodile

zèbre

lion

hippopotame

rhinocéros

léopard

chimpanzé

gazelle

chameau

dromadaire

tigre

éléphant   éléphanteau

panthère noire

cobra

macaque

koala

ornithorynque

kangourou

manchot

phoque

morse

ours polaire

La planète Terre

Nous vivons sur la planète Terre.
Sur la Terre, il y a des terres et des mers.

Sur la Terre, parfois il fait chaud,
parfois il fait froid.

nuages

pluie

neige

éclair

vent

arc-en-ciel

Le cosmos

Dans le Cosmos, il y a le Soleil, la Lune
et des planètes.

Soleil

Lune

Mercure

Vénus

Terre

Mars

Jupiter

Saturne

Uranus

Neptune

Les moyens de locomotion

Pour nous déplacer sur la terre,
sur les mers, dans les airs et au-delà...

patins à roulettes

draisienne

trottinette

bicyclette

scooter

moto

autocar

camion

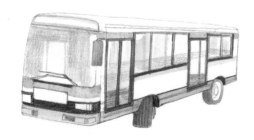

autobus

tramway

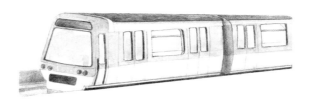

métro

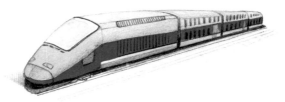

train

voiture

taxi

voiture de police

tracteur

ambulance

camion de pompiers

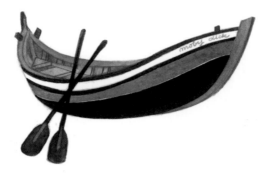

barque

canoë

voilier

péniche

paquebot

avion

hélicoptère

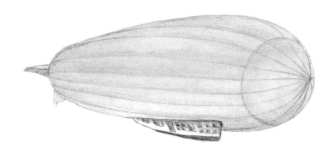

ballon dirigeable

montgolfière

fusée

Index alphabétique

Conception graphique et réalisation : Raphaël Hadid
© Éditions Hatier, 8 rue d'Assas 75006 Paris, 2014. ISBN : 978-2-218-97181–5.
Tous droits de reproduction, de traduction et d'adaptation réservés pour tous pays.
Loi n°49 956 du 16 juillet 1949 sur les publications destinées à la jeunesse.
Dépôt légal : 97181 5 / 01 - Avril 2014.
Imprimé en Chine par Papersong (info@paper-song.com).